Erhard Zauner

Nouveaux Dix Commandements
– Dix Pleine Consciences –
pour le temps depuis et après Corona

Erhard Zauner

Nouveaux Dix Commandements – Dix Pleine Consciences – pour le Temps depuis et après Corona

Un plan pour de nouveaux commandements universels qui peuvent servir de lignes directrices éthiques pour tous, indépendamment de leur religion ou de leurs croyances

Titre de l'édition originale :

Neue Zehn Gebote – Zehn Achtsamkeiten – für die Zeit von und nach Corona

Bibliografische Information der Deutschen Nationalbibliothek:
Die Deutsche Nationalbibliothek verzeichnet diese Publikation
in der Deutschen Nationalbibliografie; detaillierte bibliografische
Daten sind im Internet über dnb.dnb.de abrufbar.

Informations bibliographiques de la Bibliothèque nationale allemande :
La Bibliothèque nationale allemande répertorie cette publication dans la
Bibliographie nationale allemande ; des données bibliographiques
détaillées sont disponibles sur Internet via dnb.dnb.de.

Photos: 'Erhard Zauner' par z-foto, © 2018
            Couverture: île Rab par Erhard Zauner, © 2011

Vous pouvez joindre l'auteur à l'adresse suivante : info@gwgwien.at

Herstellung und Verlag (Production et édition) : BoD – Books on Demand, Norderstedt

(Production et édition) : BoD – Books on Demand, Norderstedt

ISBN: 978-3-75-575564-7

Je tiens à remercier
toutes les personnes
qui ont contribué à la
publication de ce livre.

Je dédie ce livre
à toutes les personnes
qui ne veulent pas qu'on
leur dicte quoi croire.

Contenu

Introduction

Depuis cinquante ans, je traite des questions d'histoire religieuse, de philosophie religieuse et de sciences de l'éducation, en particulier dans le domaine judéo-chrétien. Ayantgrandi sans confession religieuse et sans empreintes dogmatiques, il m'est beaucoup plus facile d'aborder ces questions qui se situent dans la zone frontalière de la religion, de la philosophie et de l'histoire d'une manière totalement neutre et ouverte. Au cours de mes études de la Bible, j'ai naturellement aussi analysé les Dix Commandements, et j'ai rencontré plusieurs incohérences. En y regardant de plus près, il est devenu évident que les Dix Commandements classiques de la Bible ne répondent pas aux exigences de l'éthique universelle. Ils sont absolument sexistes, xénophobes, déséquilibrés et ne se caractérisent pas par 'l'amour divin' global qui est toujours souligné par l'Église.

D'autre part, le commandement biblique de la charité n'a trouvé aucune place parmi les dix commandements (les plus importants), ni dans la première ni dans la deuxième version. De plus, la charité n'est pas une invention de Jésus ou du christianisme, car elle est déjà ancrée dans l'Ancien Testament. *(Lev 19,18) tu aimeras ton prochain comme toi-même.* Cependant, ce commandement de charité est cité plusieurs fois dans le Nouveau Testament dans divers contextes. Cependant, l'endroit où Jésus étend la charité à l'amour des ennemis est particulièrement frappant. Ce faisant, il présente la charité comme quelque chose de vraiment très banal, car, à son avis, cela ne vaut pas la peine si vous aimez ceux qui vous aiment aussi. À mon avis, cependant, une restriction ou un raccourcissement inadmissible est en cours. La déclaration originale *'tu aimeras ton prochain comme toi-même'* ne fait aucune différence que le prochain t'aime aussi ou non, qu'il soit ami ou ennemi. À mon avis, le commandement de la charité dans l'Ancien Testament inclut déjà l'amour des ennemis, tandis que Jésus le réduit inutilement à 'cher prochain'. *(Mat 5,43) Vous avez appris qu'il a été dit : Tu aimeras ton prochain et tu haïras ton ennemi. (44) Et moi, je vous dis : Aimez vos ennemis et priez pour ceux qui vous persécutent, (45) afin d'être vraiment les fils de votre Père qui est aux cieux, car il fait lever son soleil sur les méchants et sur les bons, et tomber la pluie sur les justes et les injustes. (46) Car si vous aimez ceux qui vous aiment, quelle récompense allez-vous en avoir ? Les collecteurs d'impôts eux-mêmes n'en font-ils pas autant ?*

Le premier commandement absolu mentionné dans la Bible est *(Gen 1,28) Soyez féconds et prolifiques, remplissez la terre et dominez-la. Soumettez les poissons de la mer, les oiseaux du ciel et toute bête qui remue sur la terre,* et cela ne fait pas partie des Dix Commandements. Cependant, la deuxième partie, subjuguer et gouverner, a parfois été pratiquée de manière très excessive, ce qui a conduit d'une part à l'exploitation de la terre et d'autre part à une production animale industrielle inhumaine, puisque les animaux sont simplement considérés comme une 'chose sur laquelle on règne.

Sur la base de cette prise de conscience que les Dix Commandements bibliques étaient déficients, l'idée est née de concevoir une nouvelle version complète et équilibrée des Dix Commandements pour tous les gens de toutes les religions, mais aussi pour les non-confessionnels et les soi-disant incroyants.

Par conséquent, il m'a semblé utile et important de trouver une version contemporaine et universellement valable des Dix Commandements qui puisse être acceptée par des personnes dedifférentes religions ainsi que par des agnostiques. De peur qu'il n'y ait une fausse impression, je ne veux pas me mesurer à Dieu, s'il y en a une, certainement pas avec le vengeur Yahvé, le Dieu de la Bible, qui se considère uniquement responsable des descendants de Jacob. Ce sont des commandements humains pour la libre disposition, en cas de non-respect, il n'y a pas de sanctions, ni menacées ni exécutées. Personne n'a à quitter sa foi, ni à rejoindre une nouvelle communauté de foi, parce que dans mes Dix Commandements – Dix Pleine Conscience – il n'y a pas de confession, pas de religion, pas de contribution de l'église et pas de dogmes. À l'origine, j'avais prévu d'appeler le titre de ce livre 'Nouveaux Dix Commandements – Dix Pleine Conscience – pour le 21ème siècle'. L'émergence de la pandémie de Corona – dont je ne veux pas commenter ici la nécessité médicale ou la motivation économique et politique – représente un impact dramatique sur la vie de nombreuses personnes. Cela conduit beaucoup à remettre en question beaucoup de choses ou à chercher une nouvelle orientation. Par conséquent, j'ai maintenant fourni au livre l'ajout 'pour le temps depuis et après Corona'.

Je n'ai mes commandements ni comme une demande exclusive 'tu devrais', ni comme une interdiction 'tu ne devrais pas' parce que la coexistence des personnes dans la société est beaucoup plus différenciée qu'elle ne pourrait être séparée en 'bonnes et mauvaises' actions, ni réglementée par des 'commandements et des interdictions'. Mes commandements sont des invitations à chaque individu à prêter attention aux effets de ce qu'il fait. C'est pourquoi je préfère les appeler 'pleine conscience'. Néanmoins, je les ai appelés 'Dix Commandements' dans le titre du livre, afin que ce livre puisse être classé et affecté au sujet correspondant au premier coup d'œil.

J'ai délibérément formulé les nouveaux commandements de manière très brève et concise afin qu'ils soient faciles à retenir et puissent être appliqués autant que possible. J'ajoute des

11

explications exemplaires aux commandements individuels afin d'apprendre à connaître mes pensées, qui ont conduit à la formulation respective, et de mieux comprendre ce que celasignifie. Mais celles-ci ne sont en aucun cas exhaustives, car je ne veux pas les élaborer, les définir dans le sens d'un système philosophique ou théologique jusque dans les moindres détails, les définir et certainement pas les prescrire. Je donnerai également des analogies et des références aux commandements bibliques classiques pour montrer que toutes les parties qui sont d'une validité intemporelle sont également contenues dans les miennes, qui vont bien au-delà. De même, je soulignerai ce que je ne considère pas comme des limitations nécessaires et absurdes des commandements bibliques. Les commandements purement théologiques du culte et des actes rituels sont complètement absents de moi, car à mon avis, ils n'ont pas de validité universelle, mais ne sont spécifiques qu'à la religion ou à la confession. Évidemment, ceux-ci ne servent qu'à subordonner les fidèles aux prêtres, afin qu'ils puissent les dominer et vivre à leurs dépens (parfois très féodaux).

Si les nouveaux Dix Commandements sont écrits dans le sens des aiguilles d'une montre dans un cercle, les cinq premiers de la pleine conscience concernent la personne elle-même ou son monde intérieur. À propos de soi, de ses pensées, de ses sentiments et de ses paroles, cela va aux faits qui ont des effets manifestes sur l'environnement. Cela nous amène aux cinq secondes pleines consciences, qui concernent les différentes formes et étapes du monde extérieur, de la propriété matérielle et intellectuelle aux voisins ou à la communauté, en passant par la vie, l'environnement et l'univers entier. Chacun est libre de juger si l'on l'imagine animé ou spirituel. Les croyants s'y référeraient avec le mot 'Dieu', ce qui est tout à fait compréhensible pour moi mais pas absolument nécessaire.

Si nous examinons les effets de la sous-observance ou de la sur-observance (je laisserai de côté le mépris) de tous les commandements, nous devons noter que l'observance de chaque commandement individuel affecte plus ou moins tous les neuf autres commandements. Ilsont donc tous une connexion intérieure. J'irai même jusqu'à dire qu'il n'est pas du tout possible de respecter ou d'observer réellement neuf de ces dix nouveaux commandements, et de ne pas observer le dixième, quel qu'il soit. Un mépris d'un seul commandement implique au moins un mépris pour les neuf autres, si cela ne néglige même pas temporairement certains d'entre eux ou tous. Un mépris ou un mépris de ces commandements n'est pas un péché et n'a donc pas besoin d'être confessé à un pasteur. Il n'y a pas non plus de menaces de maladie, de mort, de damnation éternelle ou de tourment de l'enfer. Si nous trouvons dans l'Ancien Testament une liste presque infinie de commandements, dont la non-observance est punissable de la mort du pécheur, dans l'Église catholique, il y a aussi les sept péchés capitaux ou péchés graves qui impliquent la perte de la grâce divine, l'exclusion du royaume du Christ et la mort éternelle en enfer.

Arrogance (orgueil, vanité, exubérance)
Avarice (cupidité)
Convoitise (débauche, plaisir, désir, non-chasteté)
Colère (rage, vengeance, vindicatif)
Gourmandise (gloutonnerie, excès, intempérance, égoïsme)
Envie (jalousie, ressentiment)
Paresse (lâcheté, ignorance, lassitude, inertie du cœur)

En regardant les nombreux scandales qui secouent actuellement l'Église catholique, on se doute que les hommes d'Église croient même ce qu'ils prêchent ?

Nouveaux Dix Commandements
Dix Pleine Consciences

1. Respecte-toi

2. Respecte tes pensées

3. Respecte tes sentiments

4. Respecte tes mots

5. Respecte tes actions

6. Respecte la propriété

7. Respecte la communauté

8. Respecte la vie

9. Respecte l'environnement

10. Respecte l'univers

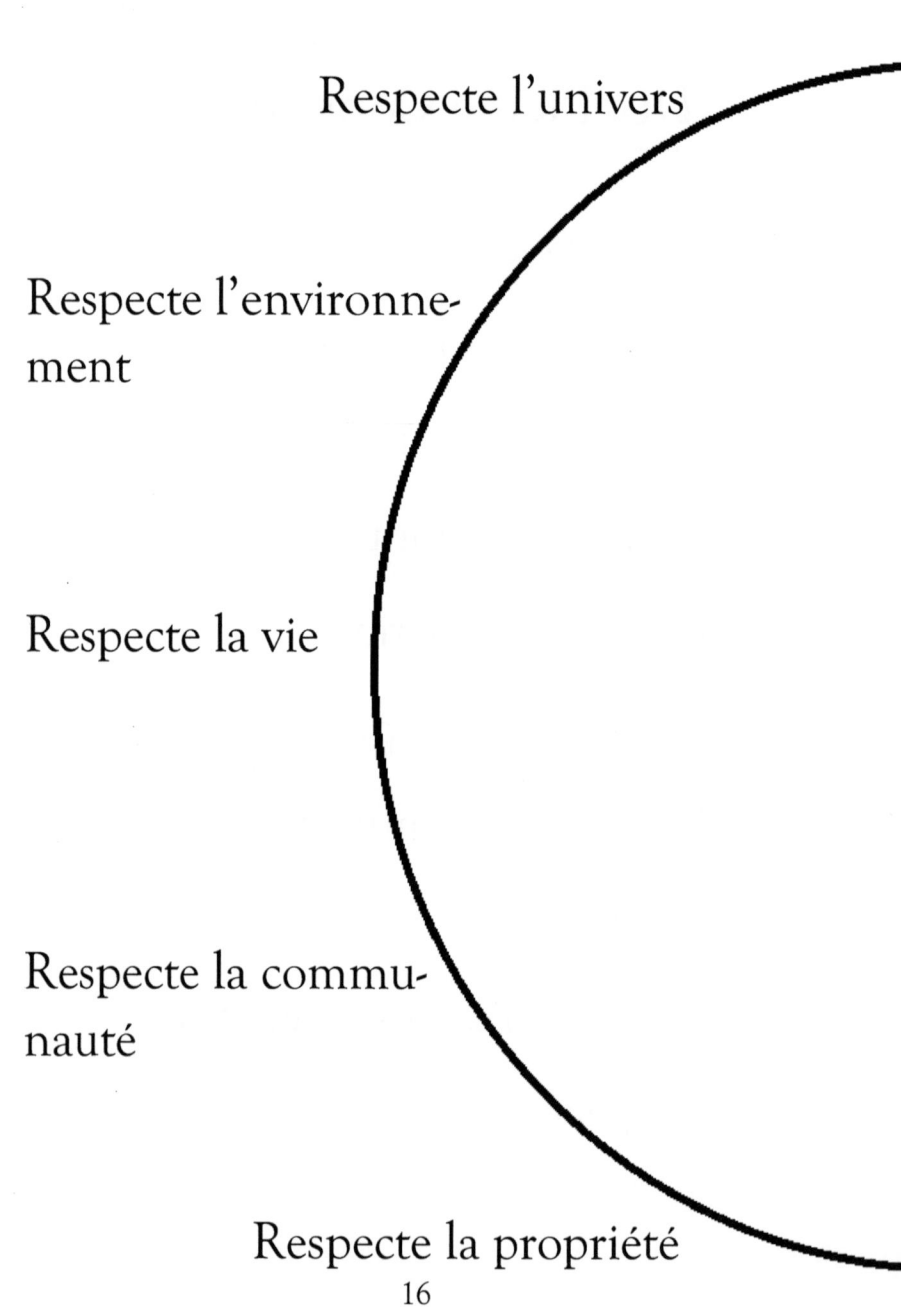

Respecte l'univers

Respecte l'environne-
ment

Respecte la vie

Respecte la commu-
nauté

Respecte la propriété

16

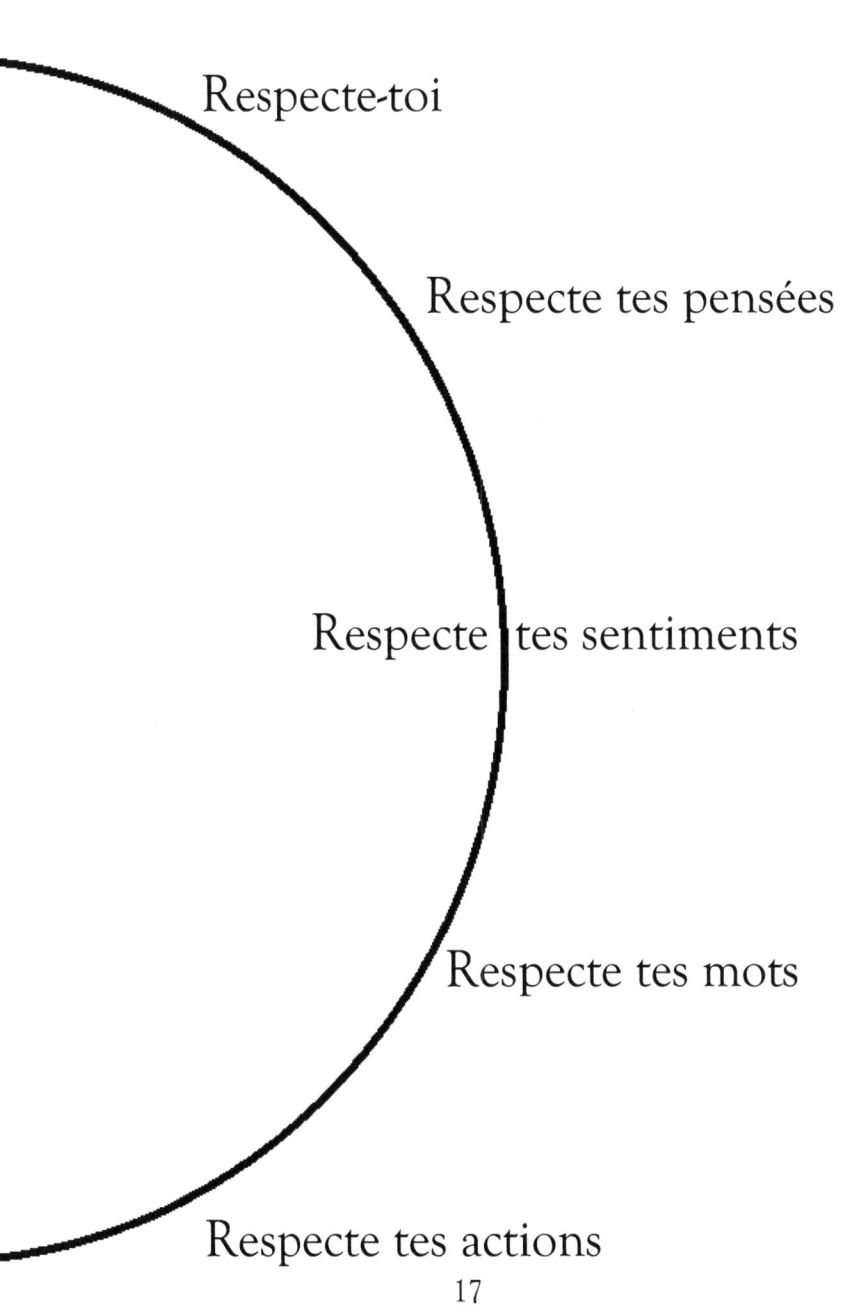

Respecte-toi

Respecte tes pensées

Respecte tes sentiments

Respecte tes mots

Respecte tes actions

17

Remarques préliminaires

J'utilise l'expression 'respecter' dans tous mes Dix Commandements. Je veux dire dans le sens de 'être attentif à ce qui s'y passe', 'observer', 'faire attention', mais aussi dans le sens de 's'inquiéter et s'en occuper' ou 'être conscient des conséquences de l'observance ou de la non-observance'. Cette expression est beaucoup moins rigoureuse que le 'tu devrais' ou 'tu ne devrais pas', mais surtout elle évite les conséquences qui en résultent. Un 'tu devrais / tu ne dois pas' n'a de sens que s'il y a des conséquences, par exemple des pénalités, pour ne pas observer. Ici, l'Église catholique a créé un ingénieux instrument de domination des gens en introduisant la confession. Ce faisant, elle – en tant que puissance dirigeante et dominante – a conduit ses 'sujets' contrôlés à signaler 'volontairement' toutes les transgressions. Comme 'récompense' pour les pécheurs repentants, après quelques prières du Seigneur ou chapelets, il y avait l'absolution. Sur plusieurs centaines de milliers de pasteurs dans le monde, l'Église catholique dispose probablement du réseau d'information le mieux doté en personnel au monde. Par le secret de la confession d'une part et l'obéissance au Pape, cet espion a parfaitement fonctionné pendant des siècles. En cas de doute, l'Église a alors très bien compris comment faire pression sur ses fidèles avec sa connaissance des 'méfaits' quand cela était bénéfique pour l'Église. D'autre part, il n'a jamais eu de problème avec les potentats et les dictateurs, si seulement ils étaient déjà des catholiques bien élevés, et peut-être lutté contre des 'communistes incroyants', comme l'a étrangement démontré la visite du pape Jean-Paul II au dictateur Pinochet à Santiago du Chili en 1987. Ce 'respecter' est un appel à la conscience non seulement par habitude ou par simple imitation pour faire quelque chose.

Respecte-toi

Vous serez probablement étonné que je mette ce commandement, ou la pleine conscience, en premier, pas en dernier. Pour moi, la séquence de pleine conscience était claire relativement rapidement. La question de savoir qui est le premier et lequel est le dernier m'occupe depuis longtemps. Après mûre réflexion, je suis arrivé à la conclusion que le 'respecte-toi' doit être placé au début. Comment pourrais-tu prendre soin de toutes les autres choses si tu ne respectes pas toi et tu ne prends pas soin de toi ? Mais ce n'est pas une carte blanche pour les égocentriques ou les narcissiques, car ils ont une focalisation exagérée sur eux-mêmes et négligent le respect de tout le reste, en particulier de leurs semblables.

Ce 'respecte-toi' ressemble à la Bible 'tu aimeras ton prochain comme toi-même'. Aimer et respecter sont similaires mais aussi différents. L'amour appartient comme un pôle opposé de la haine. Il y a probablement relativement peu de gens que vous aimez vraiment et encore moins de gens que vous détestez vraiment. Mais il y a beaucoup de gens que tu n'aimes ni ne détestes. L'invitation à aimer son prochain comme soi-même conduit alors facilement à une attitude utopique 'nous nous aimons tous tellement, il n'y a pas de crimes dans notre monde !' Mais si l'amour de soi est plutôt modeste ou même pas du tout prononcé, alors l'amour qui est donné à son prochain est aussi très modeste.

L'énoncé 'respecte-toi' dit essentiellement que tu es celui qui doit prendre soin de toi. Pourquoi ceux qui tu entourent devraient-ils te respecter si tu ne respectes-toi pas ? Faite attention à ta santé, à te alimentation, à te vie de famille et à te cercle d'amis, à te éducation et à te carrière, à te vision du monde ou à te religion, etc., etc. Cependant, cela signifie également que dans les situations désagréables, tu ne cherches pas principalement le 'blâme' chez quelqu'un d'autre. D'après mon expérience, il ne s'agit presque jamais d'une question de culpabilité, mais à juste titre de la question de la cause. Tu connaisses probablement le dicton : 'Tout le monde est le forgeron de son bonheur !' Mais tu n'es pas seulement responsable de te bonheur, mais aussi de te malheur, de toute ta vie.

Si tu respectais-toi, alors tu prendre te décisions principalement en fonction de te valeurs et non en fonction des souhaits des autres. Alors tu ne serais plus aussi fortement influencé par la pression des pairs ou la publicité, mais mèneriez de plus en plus une vie autodéterminée. Cela tu rendrais plus équilibré et satisfait, et tu ne serais pas jeté hors de la piste si facilement lors d'événements désagréables.

Si tu pouvais changer la situation, change-la puissamment ! S'il n'y a aucun moyen pour toi, ou pour le moment, de le changer, supporte-le avec patience ! L'agressivité et la colère ne coûtent que beaucoup de force, dans de nombreux cas, ne font qu'aggraver te situation sans que rien ne s'améliore. Souvent, tu devenais même aveugle aux opportunités d'amélioration qui se présentent au fil du temps. 'Ennuyeux' signifie rendre une situation qui est déjà 'mauvaise' encore plus 'ennuyeuse'. La cause de te colère ne le remarque généralement pas. Mais cela nous amène à la prochaine pleine conscience.

Respecte
tes pensées

Comme on le sait, les pensées sont libres. C'est vrai, mais les pensées ont fondamentalement deux tendances. D'une part, ils ont l'ambition de se réaliser et d'autre part, ils attirent d'autres personnes qui ont des pensées similaires. Pensez au nombre de pensées, d'idées, de souhaits et d'idées qui tu es inculqués de l'extérieur au cours d'une seule journée ? Ce ne sont pas seulement les centaines de messages publicitaires de l'industrie et de la politique, mais aussi les nombreuses déclarations et commentaires conscients ou souvent inconscients de te semblables. Si cette 'pensée en avance' des autres ne conduisait pas à une 'pensée après' (inconsciente) en toi, la publicité serait inefficace.

Si une pensée, une idée ou une imagination est répétée assez souvent, alors nous l'acceptons automatiquement telle qu'elle est perçue. Chez les enfants, où la conscience critique n'est pas encore développée ou pas assez fortement développée, de telles idées fonctionnent naturellement beaucoup plus rapidement et plus efficacement. Maintenant, vous comprendrez probablement aussi pourquoi pratiquement toutes les communautés religieuses ont l'empreinte mentale – ou devrais-je dire l'endoctrinement ? – commencer dès la plus tendre enfance, car alors ces personnes s'accrochent à une passerelle invisible. Qu'en pense-toi, combien de personnes encore aujourd'hui devenir membres de l'Église catholique quand ils ne pouvaient se joindre à la foi qu'à l'âge adulte, comme c'était la coutume il y a 2000 ans ?

L'une des phrases centrales du journalisme est : 'Only bad news are good news' (Seules les mauvaises nouvelles sont de bonnes nouvelles). Ce que l'on entend par là, c'est que les reportages de 'sex and crime' apportent beaucoup plus de circulation, d'auditeurs ou de téléspectateurs et donc de publicités que de bonnes nouvelles. Je ne veux pas que tu regardes le monde uniquement à travers des lunettes roses, ce serait tout aussi irréaliste et peu propice à te bien-être. Mais pense au nombre de 'bad news' que tu dois vraiment absorber, combien sont vraiment absolument nécessaires et indispensables pour te décisions ou la conception de te vie.

Essayez de décider tu-même quelles pensées, idées ou messages publicitaires te peux être transmis ou imposés de l'extérieur. Mais ce que tu peux certainement déterminer par tu-même, ce sont toutes ces pensées que penses-tu même. Bien sûr, cela inclut également de décider quels livres lire, quels filmsregarder et à quelles personnes parler de quel sujet. Mais garde également à l'esprit que les pensées, qu'elles soient pensées par tu-même ou apportées de l'extérieur, non seulement 'flottent librement dans l'espace', mais provoquent également des réactions à un autre niveau.

Les impulsions de pensée – les idées – sont le point de départ de toute action, mais les pensées seules ne suffisent pas à faire bouger quoi que ce soit, même d'un millimètre. Même la volonté tant vantée ne bouge rien du tout dans la plupart des cas, car ce n'est généralement qu'une idée, un vœu pieux. Ceci est comparable à une brochure d'une belle maison de vacances. Tu peux 'rêver' dans cet endroit, mais pour vraiment y arriver, tu dois rassembler une quantité ébranlée d'énergie et une détermination vraiment ferme à faire quelque chose. Dans notre cas, nos sentiments sont le pouvoir et le moteur de la réalisation des pensées et de l'atteinte d'objectifs – idéalement auto-fixés. Cela nous amène à la prochaine pleine conscience.

Respecte
tes sentiments

Si nous regardons à nouveau les mauvaises nouvelles du chapitre précédent, par exemple les rapports de criminalité, l'augmentation du nombre d'incidences ou la surcharge des unités de soins intensifs corona, ceux-ci génèrent également des sentiments en nous. Nous avons peur, devenons en colère ou nous sentons faibles. Si les pensées, les idées ou les conceptions fixent la direction, pour ainsi dire, alors les sentiments sont la force qui nous pousse dans cette direction, ou le frein qui nous paralyse. Par sentiments, je n'entends pas seulement les 'grands sentiments' dont nous prenons conscience, tels que le contentement, la peur, la colère, l'amour, la solitude, l'espoir ou le désespoir. Je veux dire surtout ces petits sentiments ou fluctuations émotionnelles qui se produisent toujours lorsque nous expérimentons, faisons ou pensons quelque chose. Nous percevons généralement les sentiments comme une réaction à une situation, c'est-à-dire à une séquence de quelque chose que nous ne pouvons pas influencer. Pour la plupart d'entre nous, les sentiments appartiennent au domaine de l'inconscient.

Si je te demande maintenant de 'faire attention à tes sentiments', alors tu peux répondre : 'Comment suis-je censé faire cela s'ils surgissent dans le royaume inconscient ?' Certes, tu peux difficilement créer délibérément un sentiment. Mais il y a un lien simple. Plus tu fais face à quelque chose qui tu fait peur, plus la peur devient forte et peut augmenter jusqu'à la panique, à laquelle tu ne peux plus échapper. En principe, cela s'applique également à tous les autres sentiments. Mais cela ne signifie rien d'autre que d'avoir indirectement un moyen de contrôler tes sentiments, simplement en le faisant, en fonction de ce à quoi tu as affaire. Surtout au cours de la soi-disant pandémie de coronavirus, de très fortes craintes ont été alimentées par le gouvernement, qui, après un court laps de temps, se sont avérées largement infondées.

Néanmoins, beaucoup de gens sont encore affectés par ces peurs incompréhensibles dans leurs actions.

Mais il y a aussi un autre aspect qui est intéressant. J'aimerais t'illustrer cela avec un peu d'expérience deréflexion. Imagine qu'il y ait un beau bol plein d'oranges mûries au soleil sur la table. Tu prends l'un d'eux, le conduises à ton nez et respires le merveilleux parfum de ces oranges mûries au soleil. Tu prends un couteau tranchant et coupez l'orange en deux, tu divises à nouveau la moitié, puis prends ce quart dans ta main. Tu apportes lentement cette colonne orange à ta bouche, tu sentes maintenant encore plus intensément qu'avant le merveilleux parfum de ces oranges mûries au soleil. Tu ouvres la bouche et mordes de bon cœur dans l'orange et son jus aigre-doux éclabousse ta bouche. En prévision du jus d'orange à venir, ton corps, tes glandes salivaires ont déjà réagi. Il n'y a pas d'orange! Tu l'as seulement imaginé. La chose étonnante à ce sujet est le fait que même pour une réaction physique manifeste, peu importe si l'orange est vraiment là, ou si tu viens de l'imaginer. La différence n'est généralement que dans l'intensité. Ou en d'autres termes, à travers l'idée que tu peux contrôler consciemment avec tes pensées, des sentiments sont générés. Plus tu y fais face souvent, plus tes sentiments deviennent forts. C'est maintenant à te de décider si tu 'nourrisses' et renforces la peur, la solitude et le désespoir, ou si tu crées de l'amour, du contentement, de la confiance et de l'espoir.

Les sentiments négatifs affaiblissent tes performances et tes système immunitaire, te rendent déprimé et malade. Les sentiments positifs renforcent ton énergie et ta santé. Par conséquent, respecte tes sentiments, car ils modulent tes mots et sont le moteur de tes actions et donc aussi de toute ta vie.

Respecte
tes mots

Cela ne dépend pas seulement de ce que tu dis, mais aussi de la façon dont tu dis-le. 'Le son fait la musique' est le dicton en langue vernaculaire. Combien de fois un seul mot dit rapidement (sans réfléchir) est-il devenu la cause d'un différend, pour une dispute! Je suis d'avis qu'il n'y a pas de mots irréfléchis, mais que ce sont des mots qui n'ont pas été contrôlés ou formulés par des pensées conscientes. La zone automatique du cerveau, le subconscient, en combinaison avec le monde émotionnel, a déclenché une réaction verbale. Dans de nombreux cas, ceux-ci sont caractérisés par la peur ou l'agression, et déclenchent donc souvent une réaction correspondante. La conversation, qui en elle-même a commencé pacifiquement, devient un argument et se poursuit jusqu'à un discours de bataille. Il ne s'agit plus de savoir qui a raison ou qui a les meilleurs arguments, mais seulement de vaincre l'autre ! Une fois qu'un mot aussi rapidement dit a échappé à la bouche, il est généralement très difficile et long de revenir à une base normale de conversation.

Alors que les pensées et les sentiments n'ont en grande partie lieu qu'à l'intérieur de te et ne peuvent être perçus ou du moins soupçonnés par les autres que dans ta posture ou ton expression faciale, les mots sont le contact direct avec l'environnement. Le terme 'mots' désigne ici l'ensemble de la communication interpersonnelle, c'est-à-dire également le ton de la voix, la vitesse de parole, les expressions faciales, les gestes et le langage corporel.

Beaucoup de malentendus proviennent uniquement du fait que l'autre personne est souvent mentalement différente de te. Lorsque tu commences à parler, toutes les pensées et sentiments, souvenirs et expériences liés à ce que tu voulais dire sont également présents pour toi. Mais l'autre personne n'entend que les quelques phrases que tu prononces efficacement. Il est donc logique que tu utilises quelques mots ou phrases pour guider mentalement ton homologue dans le domaine dont tu souhaites lui parler maintenant. À l'inverse, il est logique de demander si quelque chose ne te semble pas clair.

Les mots peuvent inspirer d'une part, mais d'autre part ils peuvent aussi blesser rapidement quelqu'un, c'est-à-dire qu'ils peuvent parfois déclencher des sentiments très violents chez l'autre. Cela inclut également la zone réglementée par le commandement biblique *'Tu ne témoigneras pas faussement contre ton prochain'*, abrégé en chrétien *'tu ne mentiras pas'*. Malheureusement, la condamnation absolue de la fausseté est théoriquement significative et compréhensible, mais dans la pratique, elle n'est pas entièrement sans problème. Cela ne veut pas dire que je suis en faveur du mensonge, mais dans de nombreux cas, des écarts plus ou moins importants par rapport à la 'vérité nue' ne sont pas seulement utiles pour vivre ensemble, mais parfois même socialement directement demandés. Si tous les gens disaient TOUJOURS la vérité et rien que la pure vérité, alors nous aurions une guerre permanente de tous contre tous et probablement l'humanité en aurait déjà péri.

Cependant, surtout au cours de la crise du coronavirus, j'ai dû de plus en plus réaliser que, contrairement à la pondération habituelle des différentes approches et points de vue dans le discours scientifique, dans de nombreux cas, les 'vérités' postulées par les politiciens sont même brutalement exécutées avec des lois qui sont venues d'une manière discutable. C'est généralement un signe indubitable de dictatures telles que nous les connaissons de l'ex-Union soviétique ou de la Chine, mais cela devrait être impossible dans les démocraties. Par conséquent, respecte tes mots !

Respecte
tes actions

Chaque action que tu prends a finalement son point de départ dans une pensée, que tu y penses délibérément volontairement, comme une réaction involontaire à l'information que tu as reçue, ou à la suite d'une manipulation ciblée par la publicité, les affaires, la presse, la politique ou la religion. Sans oublier l'influence de la famille, des amis, des collègues de travail ou des voisins à cet égard. Beaucoup de pensées ne s'allument que brièvement comme une étoile filante, puis brûlent pour ne plus jamais être vues. Beaucoup sont déjà guidés par le générique d'ouverture mental 'en fait je devrais...' voué à l'échec. D'autres déficiences, pour la plupart chuchotées, (en fait : facteurs d'élimination) sont : 'si c'était si facile, alors tout le monde le ferait !', 'tu ne peux jamais faire ça !', 'tu penses probablement que tu es plus intelligent que toutes les autres personnes !', 'J'ai déjà essayé cela et échoué - épargne-toi cette expérience !'

Bien que nous croyions généralement que nous accomplissons la plupart de nos actions consciemment et volontairement, la réalité est tout à fait différente. Et c'est toujours une bonne chose. À savoir, toutes les activités récurrentes plus complexes telles que par exemple la conduite de voiture, sont presque exclusivement contrôlées par notre subconscient. Notre conscience et la décision volontaire sont utilisées presque exclusivement pour la décision 'quand' et 'où' nous voulons aller. Ou dans des situations critiques atypiques pour lesquelles il n'y a pas d'habitudes stockées ou de routines d'action. Ce faisant, nous prenons souvent des décisions conscientes qui ne sont vraiment pas optimales. Par conséquent, il est logique, entre autres, de faire une formation à la sécurité de conduite, où l'on est sensibilisé à la façon d'agir correctement dans certaines situations dangereuses et cela est également pratiqué plusieurs fois, de sorte qu'il peut à son tour être retiré du subconscient en tant que programme standard.

Donc, nous faisons beaucoup de choses exactement de cette façon, parce que nous l'avons toujours fait de cette façon, parce que tout le monde le fait de cette façon, ou parce que nous ne savons pas d'autre façon. Souvent, cependant, nous nuisons ou blessons d'autres personnes par nos actions sans que nous en soyons immédiatement conscients. Cela conduit souvent à l'insulte de l'autre personne et donc à une perturbation de la relation. Parfois, une telle chose est consciemment acceptée, dans l'espoir que l'autre ne le saura pas. Je veux juste mentionner 'l'affaire sexuelle' ici.

En dehors des situations où nous sommes soumis à une commande ou à une instruction de service, nous sommes entièrement libres de décider ce que nous faisons, comment nous le faisons et si nous le faisons du tout. Malheureusement, nous utilisons cette liberté beaucoup trop rarement.

Avec tes actions, tu montres les relations avec tes semblables, tu changes et façonnes ton environnement. Mais tu es un peu moins libre qu'avec tes pensées, parce que d'une part il y a des conventions sociales et des traditions et d'autre part des règlements et des lois. Celles-ci sont parfois incompréhensibles et aussi pas perspicaces. Cependant, il n'y a généralement que deux façons : la façon facile de s'y tenir, et la façon plutôt fastidieuse et longue d'essayer de changer ces règlements, ordonnances et lois.

Ce sont les cinq pleines consciences dont nous sommes seuls responsables, et que nous pouvons contrôler entièrement de l'intérieur de nous-mêmes. Les prochaines pleines consciences concerne notre être dans le monde et l'interaction avec lui.

Respecte la propriété

Ce commandement est beaucoup plus complet que les deux bibles *'tu ne commettras pas de rapt'* et *'tu n'auras pas de visées sur la maison de ton prochain. Tu n'auras de visées ni sur la femme de ton prochain, ni sur son serviteur, sa servante, son bœuf ou son âne, ni sur rien qui appartienne à ton prochain.'* Parce qu'il y a beaucoup de situations où rien n'est volé, mais quand même la propriété des autres, mais aussi la sienne, n'est pas suffisamment respectée.

Que ce soit par négligence ou par des dommages injustifiés ou simplement par négligence et manque de soins, de soins et d'utilisation. Combien de fois les choses sont-elles jetées simplement parce qu'elles ne sont plus aussi belles que lorsqu'elles ont été achetées, parce qu'elles ne fonctionnent plus aussi parfaitement, parce que la charge de la batterie ne dure pas aussi longtemps, ou simplement parce qu'il existe déjà un nouveau 'meilleur' modèle?

Je ne veux pas tu empêcher d'acheter, par exemple un nouveau téléphone chaque fois qu'il vous pousse pour cela. Mais avant de le créer, demande-toi s'il s'agit vraiment d'une utilisation consciente des ressources ou si ton avantage subjectivement plus grand en vaut vraiment la peine. Et si oui, alors peut-être se demander s'il peut y avoir une deuxième vie pour ton ancien téléphone avant de simplement vous en débarrasser. Certes, nous vivons aujourd'hui dans une société dite du jetable. En raison de la production industrielle de plus en plus efficace, il est dans de nombreux cas plus rentable d'acheter une nouvelle pièce que de réparer l'ancienne. Cependant, de nombreux produits sont déjà fabriqués avec un point de rupture prédéterminé, de sorte qu'ils se cassent après un certain temps, de sorte que l'exigence de remplacement permanent et donc la production continue sont sécurisées. Mais il existe également une alternative consciente ici dans de nombreux cas. Des produits similaires de meilleure qualité, qui sont certes aussi plus chers, ont une durée de vie beaucoup plus longue. Si tu convertisses le prix en durée de vie du produit, ceux-ci sont généralement encore beaucoup moins chers que les produits dits bon marché. En outre, tu as un produit de haute qualité et n'as pas besoin d'être ennuyé encore et encore par l'usure ou la défaillance, généralement au moment complètement inapproprié. Il y a un proverbe anglais approprié : 'I'm not rich enough to buy cheap things' (Je ne suis pas assez riche pour acheter des choses bon marché).

Par propriété, cependant, j'entends non seulement ce que l'on appelle habituellement des biens immobiliers ou d'autres biens, tels que la voiture, le téléphone portable, l'ordinateur portable, les meubles, les vêtements et autres, mais aussi la propriété intellectuelle de personnes individuelles, ainsi que les réalisations culturelles, religieuses et traditionnelles et les particularités de communautés plus petites ou plus grandes. Surtout avec cette propriété intellectuelle ou culturelle, beaucoup de gens ont du mal à la respecter, surtout si elles contredisent leurs propres opinions ou opinions. Ici, cependant, il est particulièrement important que ce respect soit mutuel. On ne peut et ne doit pas répondre à la tolérance par l'intolérance. Il n'y a pas de droits de propriété sur la vérité, et les déclarations ne peuvent pas être faites en vérités par la loi ou par ordonnance! De plus, à mon avis, il n'y a pas de religion ou d'idéologie absolument vraie! Toutes les visions du monde qui considèrent les gens qui ne sont pas d'accord avec elle comme incroyants, inférieurs ou stupides n'ont rien perdu dans une société ouverte et tolérante. Ils ne font que créer la discorde et les diviser. Cela nous donne aussi la transition vers la septième pleine conscience : 'Respecte la communauté'.

Respecte
la communauté

C'est vraiment intéressant qu'il n'y ait pas deux zèbres avec le même motif rayé, qu'il n'y ait pas deux personnes avec les mêmes empreintes digitales et les mêmes couleurs d'iris dans les yeux. En termes simples, tous les gens sont différents, et c'est une bonne chose. Bien que nous, les humains, différons, il existe également des similitudes d'ascendance, de langue, de culture, de religion, d'éducation, d'intérêts, etc. Par conséquent, il existe et il y a toujours eu des communautés de différentes tailles et avec des objectifs différents, qui ont facilité ou même rendu possible la vie et la survie de chacun de leurs membres. La plus petite communauté est probablement celle du mariage ou du partenariat, puis avec les enfants ou avec les parents, ceux de la famille élargie, du clan, de la tribu, de la communauté villageoise, etc.

'Respecte la communauté' est beaucoup plus complet que la charité biblique tant citée, qui n'est même pas incluse dans les Dix Commandements. Mais cela va aussi beaucoup plus loin que *'honore ton père et ta mère'*. En tant que membre d'une communauté, tu dois respecter certaines règles pour que le vivre ensemble soit prospère. Cependant, tu peux également contribuer à la modification de ces règles précédentes ou, dans la plupart des cas, quitter une communauté si tu ne te considérais plus comme faisant partie de celui-ci. Bien sûr, il peut arriver que les règles ou les habitudes de deux communautés auxquelles tu appartiens diffèrent ou même se contredisent. Ensuite, tu dois chercher une solution, même si tu te détaches d'une communauté.

'Respecte la communauté' affecte non seulement la communauté à laquelle tu appartiens, mais aussi tous les autres. Par conséquent, cela inclut la bible *'tu n'auras de visées ni sur la femme de ton prochain, ni sur son serviteur, sa servante, son bœuf ou son âne, ni sur rien qui appartienne à ton prochain'*. Pour moi, l'attitude des esclaves et des esclaves tourne en dérision toute dignité humaine.

Malheureusement, ce n'est pas seulement la pensée de l'Ancien Testament, où même les Israélites de Yahvé sont appelés ses esclaves, mais aussi du Nouveau Testament, car même Paul loue l'esclavage!

(Lév 25,42) En effet, ceux que j'ai fait sortir du pays d'Égypte sont mes serviteurs [hébreu: 'ebed' = esclaves]; ils ne doivent pas être vendus comme on vend des esclaves ['ebed'].
(1 Co 7,21) Étais-tu esclave quand tu as été appelé? Ne t'en soucie pas; au contraire, alors même que tu pourrais te libérer, mets plutôt à profit ta condition d'esclave.

De plus, au cours de tous ces siècles, l'Église n'a jamais eu de problème avec l'esclavage et le servage, à condition que les dirigeants soient consciencieusement chrétiens. En outre, cela a beaucoup contribué au fait que la connaissance est restée cachée derrière les murs du monastère et que les gens étaient et sont restés spirituellement asservi par l'ignorance. Bien que l'esclavage n'existe officiellement plus aujourd'hui, beaucoup de gens qui travaillent pour de grandes entreprises sont dans une telle dépendance économique avec des salaires qui menacent leur existence que cela ressemble à être un esclave. Ce 'respecte la communauté' est un appel à chaque individu pour s'assurer que la coexistence très sensible dans les communautés ne soit pas perturbée. C'est un donner et prendre mutuel. Cet équilibre doit être maintenu, sinon soit la communauté domine trop ses membres, soit les intérêts individuels prévalent. Dans les deux cas, il est détruit et cassé. Tu ne peux pas sauver le monde entier, mais avec la pleine conscience dans vos communautés, tu peux contribuer beaucoup.

Respecte la vie

La huitième pleine conscience 'respecte la vie' va bien au-delà de la septième 'respecte la communauté', mais l'inclut aussi d'une certaine manière. Si le septième commandement concerne la co-existence consciente des gens et le traitement attentif de ceux-ci, le huitième commandement concerne tout ce qui vit. *'Tu ne commettras pas de meurtre'*, ou comme on le traduit parfois par *'tu ne tueras point'*, ne représente qu'un petit aspect du respect de la vie. Si l'on lit attentivement l'Ancien Testament, il faut malheureusement se rendre compte que ce commandement est le plus souvent ignoré, même au nom de Yahvé. Au total, l'Ancien Testament ne rapporte pas moins de quatre-vingt-dix-neuf guerres, actes de guerre ou combats. Dans la plupart des cas aussi avec une certaine fierté, car les Israélites ont été victorieux dans la plupart des cas.

Le respect de la vie est beaucoup plus pour moi, et ne peut être réduit à la question de la vie ou de la mort. En dehors des substances pures terre, roches, eau et air, nous sommes pratiquement toujours et partout entourés de vie. Parfois plus intense que nous le souhaiterions, surtout quand il s'agit de moisissures, de bactéries, de virus ou de soi-disant vermine ou parasites. Si nous ne les combattons pas (ne les tuons pas), alors notre propre vie devient très ardue ou peut se terminer prématurément. Il doit y avoir un compromis.

Mais ici aussi, tu peux rapidement dépasser la marque par trop de zèle et détruire les 'parasites' de bonne foi, mais en même temps tuer une myriade d'insectes bénéfiques ou libérer de l'espace pour d'autres micro-organismes non moins dangereux. Chez une personne en bonne santé, le système immunitaire est capable de combattre et de tuer automatiquement presque tous les germes nocifs. Dans de nombreux cas, il n'y a même pas de symptômes de la maladie, souvent aucun médicament n'est nécessaire et certainement pas de soi-disant 'vaccination'. La liste actuelle des dommages causés par les vaccins et des décès dus aux vaccins est probablement plus longue que celle des succès propagés.

Le respect de la vie commence par le fait de vivre ensemble dans la famille et la communauté et se termine par le respect de toute vie sur terre. Je ne veux pas faire l'éloge du régime végétarien ou végétalien, ni snober leurs défenseurs. Pour moi, cela dépend beaucoup plus des circonstances et des attitudes à l'égard de la mise à mort d'animaux pour la nourriture. Ici, l'élevage et l'abattage peuvent être traités avec beaucoup ou peu de respect. Même dans la nature si paisible et magnifique, il y a un manger complètement impitoyable et être mangé en grande partie. Et dans la plupart des cas, il s'agit d'un mécanisme d'autorégulation. Malheureusement, cela n'a été brisé que par l'homme – par envie de nourriture – en exterminant le loup, par exemple. L'augmentation du nombre de cerfs rouges qui en résulte doit maintenant être régulée à nouveau par les chasseurs afin qu'ils ne détruisent pas les récoltes. Mais respecter la vie, c'est aussi ne pas torturer, blesser, opprimer ou intimider qui que ce soit.

Mais respecter la vie signifie aussi 'respecter la vie à naître' ! Je comprends qu'une grossesse non désirée après un viol est un énorme problème (psychologique), et qu'un équilibre entre la vie de la mère et de ses proches et la vie de l'enfant à naître est nécessaire. Cependant, je comprends à peine qu'avec les options contraceptives d'aujourd'hui, tant d'avortements soient encore pratiqués dans des relations tout à fait intactes, souvent uniquement à cause du 'mauvais' sexe de l'enfant à naître. De mon point de vue, le respect correspondant de la vie fait extrêmement défaut ici.

51

Respecte
l'environnement

La neuvième pleine conscience 'respecte l'environnement' va bien au-delà de la huitième 'respecte la vie', mais l'inclut aussi d'une certaine manière. Si le huitième commandement concerne le traitement attentif de tous les êtres vivants, le neuvième commandement concerne tout et tout ce qui nous entoure, qu'il soit animé ou inanimé.

Il comprend de nombreux sujets, qui sont souvent soulignés par divers groupes d'une manière très frappante et avec un actionnisme en partie mondial. Aussi justifiées que soient de nombreuses demandes, du moins à première vue, elles sont souvent problématiques à y regarder de plus près. Il est certainement vrai que les voitures électriques produisent beaucoup moins ou pas de gaz d'échappement pendant le fonctionnement. Es pas d'essence ou de diesel n'est brûlé. Mais la quantité de gaz nocifs pour le climat et de processus nocifs pour l'environnement produits dans la production de voitures électriques et en particulier de batteries dépasse parfois de loin celles des voitures diabolisées à moteur à combustion. Il ne faut pas non plus négliger le travail inhumain des enfants par exemple dans l'extraction du cobalt. En fin de compte, la question se pose également: d'où devrait provenir toute l'électricité pour les voitures? C'est une moquerie insurpassable lorsque les politiciens suggèrent que tout le monde à la maison devrait avoir un générateur d'énergie diesel pour cela.

Les centrales électriques existantes sont déjà à leurs limites de performance et les pannes d'électricité à court terme sont à l'ordre du jour. L'augmentation de l'électricité provenant des centrales électriques au charbon augmente à son tour les émissions de particules et de CO_2. Plus d'électricité provenant des centrales nucléaires signifie plus de déchets nucléaires qui peuvent être stockés en toute sécurité pendant des milliers d'années. En outre, les politiciens veulent fermer complètement les deux dans un proche avenir. Faire fonctionner des voitures électriques avec de l'électricité provenant du pétrole ou du gaz naturel n'a pas de sens, car l'efficacité est beaucoup plus faible que si vous brûliez l'huile directement dans la voiture. D'autre part, il est étonnant que le CO_2 soi-disant si nocif (mais en fait complètement non toxique) dans les serres industrielles soit artificiellement augmenté à environ trois fois la valeur afin que les plantes poussent plus vite? La solution est assez simple: le sucre et l'amidon sont des hydrates de carbone qui, comme leur nom l'indique, sont formés à partir de dioxyde de carbone, c'est-à-dire de CO_2 et d'eau. Lorsqu'ils sont brûlés ou digérés, ils sont décomposés en ces deux substances – le cycle est fermé. Les centrales éoliennes privilégiées d'aujourd'hui produisent de l'électricité de manière beaucoup trop irrégulière, génèrent un bruit intense et ont un impact massif sur l'environnement. Afin de pouvoir stocker cette électricité, de nombreuses centrales de stockage devraient être construites le plus haut possible dans les montagnes. Ces lignes de transport et de nombreuses longues lignes avec une perte de ligne importante devraient être construites pour de l'argent coûteux, car les zones où l'électricité est produite, où elle est stockée et où elle est consommée se trouvent dans des zones éloignées.

Les systèmes solaires sur n'importe quel toit de maison approprié pourraient produire de l'électricité de manière décentralisée et indépendante des pannes d'électricité locales ou suprarégionales. Si on travaille à domicile et que on pout rencontrer et discuter avec d'autres personnes lors de vidéoconférences au lieu d'avoir à voyager à travers le pays ou le monde entier en avion ou en voiture, on fait plus pour l'environnement qu'avec tant de rassemblements de protestation du 'Friday-for-Future' (vendredi pour l'avenir). Moins de temps dans la voiture et plus de temps libre améliorent également l'équilibre travail-vie personnelle et le bien-être. Les fruits, les légumes, les céréales et la viande des agriculteurs locaux et les produits des entreprises commerciales et industrielles locales, au lieu des produits importés des grandes entreprises, renforcent également l'économie nationale.

Ce ne sont là que quelques réflexions sur le thème 'Respecte l'environnement'. Nous avons tous la possibilité chaque jour de faire consciemment quelque chose pour l'environnement et donc pour une vie meilleure pour nous et pour tous les gens lorsque nous prenons des décisions individuelles, même les plus petites.

Respecte l'univers

Le dixième commandement – le dixième pleine conscience – est le plus complet de tous, mais aussi le moins concret. Par le terme univers, j'entends non seulement l'univers physique avec tous ses milliards de galaxies et d'étoiles, mais surtout toutes les forces qui y travaillent, que nous les connaissions déjà ou non, que nous puissions les mesurer et les calculer ou non, que nous y croyions ou non. Pour moi, il englobe également tout le domaine de l'éthé-rique, de l'âme et du spirituel dans la mesure où il dépasse l'indi-vidu personnel.

Je comprends très bien si maintenant très stressés de ce côté-ci, les gens rationnels, mais aussi matérialistes ou surtout les scientifi-ques ont un problème avec les dernières déclarations, parce qu'ils ne les comprennent tout simplement pas ou n'ont pas de senso-rium pour eux. D'autre part, il y a tout autant de gens, sinon beau-coup plus, qui ne comprennent ni l'interaction forte ni l'interac-tion faible, ni la théorie de la relativité. Bien qu'ils connaissent les effets de l'électricité, du magnétisme et de la gravité, ils ne peuvent pas non plus expliquer leurs fondements physiques. Mais ce que l'on peut trouver en eux, c'est une certaine forme de foi, pas né-cessairement dans le sens d'une religion théologiquement fondée, mais simplement une idée, une supposition ou un sentiment qu'il y a 'plus de choses entre le ciel et la terre que nous ne pouvons voir avec notre esprit' (Laotse). Ou comme Hamlet le dit à Hora-tio : 'Il y a plus de choses dans le ciel et sur la terre que votre sagesse scolaire (orig.: philosophy) peut rêver.'

De nombreux scientifiques ont également eu de telles intuitions ou même des expériences, souvent, mais n'osent pas le rendre pu-blic, car ils croient que leur réputation scientifique en souffrirait.

Peu importe qu'il s'agisse d'un dieu unique, gouvernant sans res-triction, ou seulement responsable de ses propres croyants, ou d'une trinité de dieux, un Olympe entièrement occupé avec douze dieux principaux, dieux secondaires, demi-dieux, titans, grâces ou muses. Peu importe aussi qu'ils soient gnomes, elfes, nymphes, faunes, albes, démons, sylphes, esprits de la forêt, trolls ou nains. Les anges, les archanges, les chérubins et les séraphins, ainsi que les démons, Satan et Lucifer appartiennent également à cette catégorie. Certains croient en eux, certains les appellent à l'aide ou les prient, d'autres les voient comme la cause d'incidents et de maladies. Pour beaucoup, que on puisse les prouver ou non, ces êtres font simplement partie de leur vie et aussi un soutien.

Peu importe en qui vous croyez, essayez de respecter ces forces et ces êtres de l'univers. Tout comme tu ne peux pas échapper aux lois de la physique, par exemple la gravité, tout comme vous ne pouvez pas échapper aux êtres spirituels et aux lois telles qu'elles existent. Le mot univers est composé du latin 'unum = un' et 'versus = tourner'. Si tu tournes autour de ton propre axe, alors tu as saisi tout ton environnement, ton univers, même si tu n'as pas tout vu jusqu'à l'infini. Essaye simplement de vivre en harmonie avec tout ce qui t'entoure, c'est-à-dire avec TON univers en paix et en harmonie.

Perspectives

Surtout en période de turbulences, comme celle d'au-point, il est important que nous ne nous laissions pas dériver sans but. Sinon, nous deviendrons une victime facile de pouvoirs qui ne veulent pas le meilleur *pour* nous, mais le meilleur *d'entre* nous, à savoir notre liberté, notre souveraineté et notre argent. Par conséquent, il est nécessaire que nous pensions de manière indépendante et que nousagissions avec confiance. Les dix nouveaux commandements actuels – dix pleine conscience – sont une ligne directrice simple pour atteindre la plus grande autodétermination possible et en même temps la plus faible influence possible sur nos semblables et l'environnement.

Le bonheur n'est ni une conséquence du travail acharné ni de la richesse. Le bonheur est une sorte d'état d'équilibre des objectifs désirés et atteints, de l'engagement au travail et du temps libre, du temps pour soi et du temps pour les autres, mais aussi de l'argent librement disponible et des désirs matériels ouverts. Malheureusement, la publicité agressive de l'économie a conduit de nombreuses personnes à vivre dans la roue du hamster selon la devise suivante : 'Ils achètent des choses dont ils n'ont pas besoin avec de l'argent, ils n'ont pas à impressionner d'autres personnes qu'ils n'aiment pas!' À propos, la carrière dans de nombreuses professions ressemble également davantage à une roue de hamster: nous avons le sentiment qu'elle va de plus en plus loin dans l'échelle de carrière, en fait, nous ne luttons que sur place, et le patron et les propriétaires sont heureux de notre grande performance. Et si nous ne pouvons plus le faire, alors nous 'pouvons' sortir de la roue du hamster avec notre burnout ou notre crise cardiaque, et le prochain a une chance. La maladie ne peut et ne doit jamais être un prix adéquat pour atteindre un objectif professionnel, financier ou matériel. Notre santé est trop précieuse et unique. Bien que la médecine moderne puisse faire des merveilles dans de nombreux cas, le maintien de la santé naturelle a encore beaucoup de sens que de la restaurer.

Après des coups du sort ou des changements majeurs, comme ceux causés par la crise du Corona, la question du sens de la vie se pose à nouveau pour beaucoup de gens. De mon point de vue, il n'y a pas qu'un seul et unique sens, le but ultime de la vie. Si cela devait exister, la vie deviendrait absolument dénuée de sens après avoir atteint cet objectif. Pour moi, il s'avère que pendant toutes les années de ta vie, il n'y a pas qu'un seul sens, mais aussi que le sens principal respectif peut changer. Si le sens de la vie d'un bambin, pour le dire franchement, é d'apprendre à marcher et à parler, et établir des contacts sociaux à l'école. Après cela, le sens de la vie est principalement de trouver un emploi, de trouver un partenaire de vie, de louer ou d'acheter un appartement ou de construire une maison et éventuellement d'élever des enfants. Chaque fois que l'un de ces objectifs est atteint, il doit y avoir une réorientation, sinon il y a un risque de rester coincé dans le développement personnel d'une manière ou d'une autre. Surtout le déshabillage des enfants ou aujourd'hui beaucoup plus souvent de l'enfant unique devient une grande question de sens pour beaucoup de mères. Surtout s'ils ne travaillent pas (comme par le passé beaucoup plus souvent) et seulement à la maison. Soudain, parfois même du jour aulendemain, le sens de la vie des vingt dernières années n'est plus là, ils tombent dans un trou profond et peuvent devenir vraiment déprimés. La situation est similaire pour beaucoup (principalement des hommes) avec le choc des pensions.

Non seulement dans cette situation, il est important que chacun se donne un sens (principal) et plusieurs sens secondaires. Dans de nombreux cas, ces nouvelles significations ou objectifs n'ont pas besoin d'être utiles et rentables d'un point de vue économique. Si la base financière économique est donnée, il est certainement temps de revenir à vos talents et intérêts souvent cachés ou oubliés. Je connais un cas où le professeur d'éducation artistique a dit à cette fille encore et encore qu'elle ne pouvait pas peindre, qu'elle était un anti-talent artistique simplement parce qu'elle ne peignait pas comme l'enseignant l'avait imaginé. Les années et les décennies ont passé sans qu'elle ne reprenne jamais un pinceau. Pourquoi aurait-elle dû le faire? Cependant, elle s'est engagée dans de nombreuses autres techniques artistiques et a produit de très bons résultats. Lorsque ses enfants étaient sortis de la maison depuis longtemps et que l'activité professionnelle était terminée, son mari voulait pour son 70. Anniversaire un tableau peint par elle, car il était fermement convaincu qu'elle devrait aussi pouvoir peindre avec sa veine artistique. Le résultat de sa première tentative de peinture était tout simplement époustouflant. Depuis, elle a peint de nombreux tableaux à l'acrylique et à l'huile. La peinture n'est pas le sens *de* sa vie maintenant, mais elle a apporté à sa vie un sens, une joie et une variété supplémentaire.

Il y a déjà plus de deux mille ans, le poète romain Horace résumait sa sagesse en deux mots : 'carpe diem', généralement traduit par 'utilise le jour'. Même si le 'utiliser' correspond davantage au mode de vie allemand ou chrétien-occidental, il y a encore une différence non négligeable par rapport au sens original de 'cueillir le jour'. C'est une métaphore, et est destinée à exprimer la cueillette de fruits, mûrs ou de fleurs, c'est-à-dire sans effort pour profiter de l'instant tel qu'il est présent, par exemple, dans l'expérience sensuelle de la nature. En fait, c'est un état paradisiaque, où vous n'avez pas à travailler le sol à la sueur de ton visage, mais êtes heureux et satisfait de ce que la nature t'offre. Les gens qui descendent du tapis roulant sont souvent appelés de manière désobligeante les artistes de la vie. Mais c'est une implication réelle si quelqu'un comprend l'art de vivre et n'est pas un échec ou un 'trébuchement de vie'. Malheureusement, à l'école, nous ne sommes remplis que de beaucoup de connaissances – parfois très discutables – mais l'art de vivre, d'être heureux et satisfait, n'est pas enseigné.

Dès le 18ème siècle, le code juridique du Bhoutan, un petit royaume de l'Himalaya, contenait une déclaration qui devrait en fait s'appliquer à tous les pays du monde : 'Si le gouvernement ne peut pas créer le bonheur pour son peuple, alors il n'y a aucune raison pour l'existence de ce gouvernement'. Les facteurs du bonheur national au Bhoutan sont : la justice sociale, la liberté culturelle, l'égalité juridique et la durabilité environnementale, mais pas la richesse et la prospérité. Les trois premiers rappellent beaucoup le cri de guerre de la Révolution Français avec liberté, égalité, fraternité. Malheureusement, ces valeurs ont souvent été déformées en Occident, et la liberté d'action ne s'applique qu'aux entreprises mondiales et à leur liberté fiscale. L'égalité s'applique avant tout aux larges masses, en termes de revenus largement faibles et de faible richesse. La fraternité n'est pratiquée principalement que dans les différents cercles de pression, les confréries et les partis politiques pour leur propre bénéfice et aux dépens du peuple. Nous ne pouvons pas nous attendre à ce qu'ils renoncent volontairement à leurs privilèges. Mais chacun de nous, dans son propre domaine, peut contribuer à rendre le monde plus pacifique, que nous devenionstous un peu plus heureux et plus satisfaits.

TU es le centre de ton univers, cela dépend de TU, être TU le point de départ du changement pour le mieux :

Carpe diem – cueillir le jour

Publikationen der Geschichtswissenschaftlichen Gesellschaft Wien

Publications de la Société des Sciences Historique de Vienne

Jusqu'à présent, tous les livres ont été publiés en allemand, certains le seront bientôt également en anglais.

Les livres individuels seront également publiés en français à une date ultérieure.

Tous les livres sont disponibles directement dans la boutique d'édition: www.bod.de/buchshop/, dans n'importe quelle librairie ou sur Internet

Erhard Zauner

Neue
Zehn Gebote
– Zehn Achtsamkeiten –
für die Zeit
von und nach Corona

Ein Entwurf für neue, allgemein gültige Gebote,
die allen Menschen unabhängig von ihrer Religion
oder ihrem Glauben als ethische Richtschnur
ihres Handelns dienen können

Erhard Zauner

DIE UNHEILIGE SCHRIFT

Die Kriminalgeschichte von Jahwe und seinem auserwählten Volk
Was wirklich in der Bibel steht. Band 1:
Von der Schöpfung bis zum Auszug aus Ägypten

Wer glaubt, dass die Bibel eine „Heilige Schrift" sei, die das barmherzige Wirken des lieben, guten Gottes schildert, der von Anbeginn an durch alle Zeiten für alle Menschen da ist, der hat sie nicht gelesen. Das Gegenteil ist wahr. In dieser „UN–heiligen Schrift" finden wir alle verabscheuungswürdigen Verbrechen wie Krieg, Mord, Menschenopfer, Lüge, Betrug, Ehebruch, Polygamie, Inzucht, Frauenfeindlichkeit, Genitalverstümmelung, Menschenhandel, Sklaverei, Rassismus, Fremdenhass, Götzenanbetung, Rache, Raub und vielfachen Völkermord. Begangen werden all diese Verbrechen von Jahwe selbst, von seinem auserwählten Volk oder den Säulenheiligen des Alten Testaments, zumeist sogar noch von Jahwe selbst dazu angestiftet. Obwohl diese zigmal Jahwes Gebote und Gesetze brechen, werden sie dafür nicht bestraft, während einfache Menschen oft wegen kleinster Vergehen von Jahwe selbst getötet werden. Jahwes Auftreten, sein Verhalten und sein Charakter sind so unterschiedlich, dass man davon ausgehen muss, dass der Jahwe der Schöpfung und des Paradieses, der Jahwe der Sintflut, der Jahwe der Patriarchenzeit und der Jahwe der Ägyptischen Plagen und des Auszuges nie und nimmer ein und dieselbe Person (oder Gott) gewesen sein können. Wussten Sie,

- dass es zwei gänzlich unterschiedliche Versionen der Schöpfung gibt?

- dass die verfluchte Schlange später von den Israeliten verehrt und ihr geopfert wurde?

- dass Jahwe in der Bibel achtzehnmal einen Bund schließt und keinen einzigen hält?

- dass Abraham seine Schwester heiratet und sie mit zwei weiteren Männern vermählt?

- dass Jakob mit zwei Schwestern und zwei weiteren Frauen gleichzeitig verheiratet ist?

- dass Mose einen Mord begangen hat, bevor er zum Religionsgründer wird?

- dass Jahwe Mose zum Gott für den Pharao macht?

- dass Jahwe Hörner wie ein Wildstier hat?

- dass Jahwe sich selbst nicht als Gott aller Menschen, sondern nur der Israeliten betrachtet?

- dass Jahwe sich jahrhundertlang nicht einmal um sein auserwähltes Volk gekümmert hat?

  dass Jahwe millionenfache Genitalverstümmelung verlangt, und Jesus dies gutheißt?

L'ÉCRITURE NON SAINTE

L'histoire criminelle de Yahvé et de son peuple élu
Ce qui est vraiment dans la Bible. Partie 1
De la création à la sortie d'Egypte
Ce livre n'a pour l'instant été publié qu'en allemand

The English edition of this book is in preparation!

Erhard Zauner

THE UN HOLY SCRIPTURE

The criminal story of Yahweh and his chosen people - or -
What is really in the Bible: From creation to the exodus from Egypt

Anyone who believes that the Bible is a "holy scripture" that describes the merciful work of the dear, good God, who has been there for all people from the beginning through all times, has not read it. The opposite is true. In this "UN Holy Scripture" we find all despicable crimes such as war, murder, human sacrifice, lies, fraud, adultery, polygamy, inbreeding, misogyny, genital mutilation, human trafficking, slavery, racism, xenophobia, idol worship, revenge, robbery and multiple genocide. All these crimes are committed by Yahweh himself, by his chosen people or the pillar saints of the Old Testament, mostly even instigated by Yahweh himself. Although these dozens of times break Yahweh's commandments and laws, they are not punished for it, while ordinary people are often killed by Yahweh himself for the smallest offenses. Yahweh's appearance, behaviour and character are so different that one has to assume that the Yahweh of creation and Paradise, the Yahweh of the Flood, the Yahweh of the Patriarchal Period and the Yahweh of the Plagues of Egypt and the Exodus never ever could have been the same person (or God). Did you know…

• that there are two completely different versions of creation?

• that the cursed serpent was later worshiped and sacrificed by the Israelites?

• that Yahweh makes a covenant 18 times and does not keep a single one?

• that Abraham marries his sister and wed her to two other men?

• that Jacob is married to two sisters and two other women at the same time?

• that Moses committed murder before he became a founder of the religion?

• that Yahweh made Moses God for Pharaoh?

• that Yahweh has horns like a wild bull?

• that Yahweh does not regard himself as God of all people, but only of the Israelites?

• that Yahweh did not even care for his chosen people for centuries?

• that Yahweh demands millions of genital mutilations and that Jesus approves of it?

70

Erhard Zauner

EXODUS - EXODE

Auszug der Juden aus Ägypten nach biblischen, außerbiblischen und ägyptischen Quellen

L'exode multiple des Juifs d'Egypte selon les sources bibliques, extra-bibliques et égyptiennesDer mehrfache

Grâce à une toute nouvelle approche, l'auteur parvient à apporter un éclairage totalement nouveau sur l'histoire biblique d'Abraham à David. L'arbre généalogique complet de tous les descendants de Jacob au roi David montre que l'ensemble de l'événement, qui, selon le décompte, dure entre 400 et 1000 ans dans la Bible, se déroule effectivement en seulement 10 générations ou environ 200 ans. Ce n'est qu'avec la chronologie égyptienne raccourcie de 300 ans que l'histoire biblique devient compréhensible. Compte tenu des récits extra-bibliques de l'Exode, des parallèles peuvent être trouvés dans l'histoire et la littérature égyptiennes.

L'histoire biblique est un patchwork de différents récits attachés au cadre de l'arbre généalogique fictif d'Abraham. Si ceux-ci sont séparés, de nombreuses parties de l'Ancien Testament peuvent être attribuées à l'histoire égyptienne, mais dans un ordre complètement différent. Cela conduit à se rendre compte qu'il existe plusieurs extraits de différents groupes à des moments différents et dans des conditions différentes. Le premier exode a lieu à la fin de la VIe dynastie, le suivant à la fin de la XIIe dynastie à l'occasion de la catastrophe provoquée par l'éruption du volcan Thera. Cette catastrophe se retrouve dans les plaies d'Egypte. Il existe d'autres extraits au cours de la 18e dynastie avec l'expulsion des Hyksos, sous Amenhotep III. (Temps du roi David) et à Toutankhamon. Une ancienne conspiration s'ensuit sous le pharaon d'or et, après la découverte de sa tombe, une seconde conspiration moderne.

Ce livre n'a pour l'instant été publié qu'en allemand

Erhard Zauner

Autonomes und lebenslanges Lernen: ein modernes, 2000 Jahre altes, Prinzip

Erstaunliche Aktualität des spätjüdischen Bildungssystems

Autonomes und lebenslanges Lernen, sind die beiden pädagogischen Grundprinzipien der Juden schlechthin. Sie haben im Judentum einen mindestens zweitausendjährigen erfolgreichen Praxistest hinter sich. Obwohl heute in der pädagogischen Literatur oft gefordert, werden sie noch immer viel zu selten und wenig effizient umgesetzt.

Hier könnte viel in kurzer Zeit bewegt werden, würde man die bewährte Methode übernehmen. Dabei gäbe es allerdings ein Problem: Diese beiden Grundwerte werden den jüdischen Kindern von ihren Müttern bereits mit der Muttermilch verabreicht. Man müsste also zuerst die Eltern erziehen. (Goethe in Zahme Xenien: „Man könnt' erzogene Kinder gebären, wenn die Eltern erzogen wären.")

Ergänzt werden die Ausführungen noch durch die Rollenfunde vom Toten Meer, die uns Einblicke in das jüdische Leben in der Zeit um Christi Geburt geben, die 2000 Jahre unverändert erhalten geblieben sind, und daher keinerlei Zensur oder „Verschlimmbesserung" unterworfen waren.

Apprentissage autonome et tout au long de la vie :
Un principe moderne vieux de 2000 ans

Étonnamment actualité du système éducatif juif tardif

Ce livre n'a pour l'instant été publié qu'en allemand

The English edition of this book is in preparation!

Erhard Zauner

Autonomous and Lifelong Learning: a Modern, 2000-Year-old, Principle

Amazingly topicality of the late Jewish education system

3rd expanded edition

Autonomous and lifelong learning are the two basic educational principles of the Jews. In Judaism you have passed a practical test that has been successful for at least two thousand years. Although these days it is often required in educational literature, they are still implemented far too seldom and inefficiently.

A lot could be moved here in a short time if the tried and tested method were adopted. There would be a problem with this, however: These two basic values are given to Jewish children by their mothers in their mother's milk. So, you would have to raise your parents first. (Goethe in Zahme Xenien: "You could have brought up children if the parents were brought up.")

The explanations are supplemented by the scroll finds from the Dead Sea, which give us insights into Jewish life around the birth of Christ, which have remained unchanged for 2000 years, and therefore were not subject to any censorship or "deterioration".

Erhard Zauner

Die Jesus Sensation

Die Entschlüsselung des essenischen Sonnenkalenders
von Qumran und der Chronologie der Evangelien

Die Lösung des größten Rätsels der Menschheit

Nach fünfzigjähriger Beschäftigung ist es dem Autor erstmals gelungen, mit Hilfe von Angaben aus den Schriftrollen vom Toten Meer, des Talmuds und des Neuen Testaments, eine eindeutige Zuordnung des essenischen Sonnenkalenders von Qumran zum julianischen Kalender zu erstellen und zu beweisen.

Johannes der Täufer und Jesus haben demnach die Feste nach diesem Qumran-Kalender gefeiert. Ebenso wurden ihre Zeugungs-, Geburts-, Kreuzigungs- bzw. Sterbedaten danach tradiert. Mit nur ganz wenigen Adaptierungen lassen sich praktisch alle chronologischen Angaben der Evangelien und der außerbiblischen Schriften in diesem Sonnenkalender in eine sinnvolle stimmige Abfolge bringen. Das Ergebnis wird allerdings für manche sehr überraschend sein, da sich vieles damals eben nicht so abgespielt hat, wie es in liebevoller Tradition verbreitet wird. Außerdem wurde der offizielle Tempelkult zumindest bis kurz vor die Zeitenwende auch nach dem Qumrankalender zelebriert.

Johannes und Jesus stehen voll und ganz in der jüdischen Tradition und haben nie und nimmer jene neue Religion begründet, die als Christentum weltweite Verbreitung gefunden hat. Diese Verfälschung der urchristlichen Lehre von Johannes und Jesus geht primär auf Paulus, dann auf die Diener des römischen Kaiserhofes und in der Folge auf die Katholische Kirche, den Vatikan und die machtbesessenen Päpste zurück.

La sensation de Jésus

Le déchiffrement du calendrier solaire essénien
de Qumran et la chronologie des évangiles

La solution au plus grand mystère de l'humanité

L'édition allemande de ce livre paraîtra bientôt !

The English edition of this book is in preparation!

Erhard Zauner

The Jesus Sensation

The deciphering of the Essenian solar calendar of Qumran and the chronology of the Gospels

The solution to humankind's greatest mystery

After fifty years, the author has succeeded for the first time, with information from the Dead Sea Scrolls, the Talmud and the New Testament, to create and prove a clear correlation between the Essenian solar calendar of Qumran and the Julian calendar.

So he can definitely state that John the Baptist and Jesus celebrated the feasts according to this Qumran calendar. Their dates of begatting, birth, crucifixion and death were also passed on afterwards. With just a few adaptations, practically all chronological information from the Gospels and the extra-biblical writings can be put into a meaningful, coherent sequence in this solar calendar. The result will, however, be very surprising for some, as a lot of things did not happen back then as it is spread in loving tradition. In addition, the official temple cult was celebrated according to the Qumran calendar, at least until shortly before the new era.

John and Jesus stand completely in the Jewish tradition and have never, ever founded that new religion which, as Christianity, has spread throughout the world. This falsification of the early Christian doctrine of John and Jesus is primarily due to Paul, then to the servants of the Roman imperial court and subsequently to the Catholic Church, the Vatican and the power-obsessed popes.

Erhard Zauner

Die Templer, Baphomet, das Turiner Grabtuch und der Heilige Gral

Eine neue Sicht auf 2000 Jahre Geschichte

L'édition allemande de ce livre paraîtra bientôt !

Les Templiers, Baphomet, le Suaire de Turin et le Saint Graal

Un nouveau regard sur 2000 ans d'histoire

The English edition of this book is in preparation!

Erhard Zauner

The Templars, Baphomet, the Turin Shroud and the Holy Grail

A new view at 2000 years of history

Hans Gruber, Leo Munt, John Seberg, Rüdiger Seten und Yvonne Wayne

Der Maya-Kalender 3114 v.Chr.–2100 n.Chr.

Haab - Tzolkin - Long Count für jeden einzelnen Tag

Le calendrier maya 3114 avant JC - 2100 après JC.

Haab - Tzolkin - Compte long pour chaque jour

Le texte ci-joint est uniquement en allemand !

L'intérêt pour le calendrier maya a augmenté au cours des dernières années et décennies. Et pas seulement dans des groupes spécialisés, mais surtout auprès d'un large public. Jusqu'à présent, il n'y a eu que des éditions relativement coûteuses d'années individuelles du calendrier maya, mais aucune représentation vraiment complète des trois systèmes de calendrier maya valides les uns à côté des autres pour chaque jour individuel, à savoir les calendriers Tzolkin et Haab et le compte long.

Avec cette série de livres, nous voulons combler cette lacune et fournir une édition complète et peu coûteuse du calendrier maya depuis ses débuts en 3114 avant JC jusqu'à la fin de ce siècle.

Chaque volume couvre 100 ans sur trois doubles pages, le volume avec le début du calendrier couvre 114 ans. Jusqu'à la réforme du calendrier grégorien le 4/15 Octobre 1582 est la base du calendrier julien, puis grégorien.

En plus du 'calendrier du siècle', il existe également des éditions spéciales pour les années 2001-2020, 2021-2030 et 2021-2050.

Nous étions cinq à travailler sur ce travail, avec un membre de l'équipe responsable en dernier ressort de chaque volume, nous avons donc décidé de ne nommer cette personne que l'auteur du groupe respectif.

L'équipe se compose de Hans Gruber, Leo Munt, John Seberg, Rüdiger Seten et Yvonne Wayne, qui ont chacun apporté leurs connaissances et leurs compétences particulières au projet afin qu'il puisse réussir. Nous espérons que ce travail vous sera utile dans vos études chronologiques !

Sonderausgaben: Éditions Specials:

John Seberg

Der Maya-Kalender 2021–2030 n.Chr.

John Seberg

Der Maya-Kalender 2021–2050 n.Chr.

¡Ces livres ne seront publiés qu'en allemand!